José Hernández

MARTÍN FIERRO (I)

VERSIÓN COMPLETA

Prólogo
Marcos Mayer

longseller

Martín Fierro (I)
© Longseller, 2004

EDITORA: Diana Blumenfeld

DIVISIÓN ARTE LONGSELLER
DIRECCIÓN DE ARTE: Adriana Llano
COORDINACIÓN GENERAL: Marcela Rossi
DISEÑO: Javier Saboredo / Diego Schtutman / Laura Pessagno
DIAGRAMACIÓN: Santiago Causa / Mariela Camodeca
CORRECCIÓN: Norma Sosa

Longseller S.A.
Casa matriz: Avda. San Juan 777
(C1147AAF) Buenos Aires
República Argentina
Internet: www.longseller.com.ar
E-mail: ventas@longseller.com.ar

Hernández, José

Martín Fierro - 1ª ed.– Buenos Aires: Longseller, 2004.
v. 1; 176 p.; 18x11 cm (Clásicos de Siempre)

ISBN 987-550-464-5

1. Poesía Argentina. I Título
CDD A861

Esta edición de 3.000 ejemplares se terminó de imprimir en la Planta
Industrial de Longseller S.A., Buenos Aires, República Argentina,
en junio de 2004.

En 1912, a dos años de cumplirse el primer centenario de la Revolución de Mayo, *Martín Fierro* se consagra como el libro y el personaje que encarna como ningún otro la argentinidad. En una serie de conferencias que dio el poeta Leopoldo Lugones en el Teatro *Odéon*, ante una enorme cantidad de público entre el que se encontraba el presidente de la Nación, Roque Saénz Peña, se postuló que el poema gauchesco de José Hernández era fundante de nuestra nacionalidad, un equivalente a lo que había significado *El cantar del Mio Cid* para los españoles o *La canción de Rolando* para los franceses. *El payador*, que recoge las conferencias de Lugones, sostiene, en efecto, que las aventuras de este gaucho llevado a la fuerza por el ejército a pelear contra los indios, que deserta y finalmente retorna para entregar todo lo aprendido a sus hijos son la muestra más cabal del espíritu argentino con su culto del coraje, su búsqueda constante de justicia y su afán por formar parte del mundo desde una postura propia y definida.

Varios años después, Jorge Luis Borges combatirá esta glorificación, planteando que, pese a su adscripción al género gauchesco, la obra de Hernández sigue las reglas de la novela del siglo XIX y que su carácter narrativo justifica el éxito del libro desde su primera edición en 1872, tanto entre el público argentino (se vendieron 48.000 ejemplares en las primeras tiradas, una cifra descomunal para su tiempo) como en el exterior, donde ha sido traducido a más de cien idiomas, incluso al esperanto, un idioma artificial que no se habla en país alguno. Borges irá más lejos. Para él, el carácter de Martín Fierro no es intachable: es un gaucho matrero que mata sin motivo, y por lo tanto no puede ser un ejemplo a seguir. De todos modos, más allá de cómo se interprete su verdadero sentido, lo cierto es que *Martín Fierro* se ha convertido en el libro que identifica el país.

El contexto social

Los males que persiguen a Martín Fierro no son una novedad ni en la literatura gauchesca anterior ni en la realidad argentina de 1872. En efecto, los gauchos venían sufriendo desde antes de la independencia una serie de persecuciones y castigos legales. Cabe aclarar que bajo la denominación de "gaucho" se agrupan varios tipos de habitantes del ámbito rural. Por un lado, los paisanos y peones que se dedicaban a las tareas rurales y que tenían un lugar fijo de residencia; por el otro, aquellos jinetes nómades que deambulaban por el campo sin ocupación fija y que muchas veces cruzaban la frontera de la delincuencia, y cuya imagen fue la que se impuso con el tiempo. Fuera cual fuere el lugar social que ocuparan, los gauchos fueron incorporados por la fuerza a los ejércitos, tanto en las guerras de la independencia como durante las luchas civiles previas a la guerra de Caseros, que en 1852 dio inicio al proceso de organización republicana de la Argentina. Los gauchos estaban sujetos a la llamada "ley de levas" que permitía a los gobiernos realizar redadas durante las que se los apresabas y se los llevaba contra su voluntad (incluso muchas veces encadenados) a integrar distintas formaciones militares. Las persecuciones seguirían en el inicio de la llamada Campaña al Desierto que aniquiló las últimas resistencias de los indios. En 1872, cuando aparece la primera parte de *Martín Fierro*, José Hernández apostaba a la constitución de una clase de pequeños campesinos, integrada por los nativos, en oposición a las principales figuras nacionales, como Sarmiento y Bartolomé Mitre, que postulaban que los gauchos y los paisanos debían ser reemplazados por la inmigración, por entonces todavía incipiente. Al mismo tiempo, Hernández creía, en relación con el problema de los indios, que debían marcarse las fronteras sin entrar en confrontaciones más allá de alguna acción defensiva contra los malones que atacaban las poblaciones fronterizas. De allí que en *La Ida*, Fierro y su compañero Cruz decidan refugiarse en territorio indígena para huir de la justicia, pues el principal enemigo es el ejército que, además de embarcarlos en una guerra que no sienten como propia, los somete a la opresión y el hambre.

Para 1879 la situación ha dado un vuelco importante. La Campaña al Desierto, dirigida por el general Roca, se encuentra llegando a su fin y está comenzando la última etapa de consolidación institucional del país. El gaucho ya no encuentra refugio entre las tribus indígenas –que ahora son claramente el enemigo– sino que debe pelear un lugar en el nuevo panorama que reina en la Argentina. Para ello va a reclamar justicia, educación y trabajo, y a ofrecer a cambio su condición de nacido en el país y su sabiduría adquirida en la experiencia (éste es uno de los principales sentidos para interpretar los célebres consejos que Martín Fierro da a sus hijos).

También esto explica que Fierro deba despegarse tanto de los rebeldes –como es el caso de Cruz, que muere–

como oponerse a los viejos vicios de la vida rural que encarna el personaje del Viejo Vizcacha. De cualquier manera, la obra no es del todo optimista en cuanto a que pueda ser exitoso este proyecto de inclusión del gaucho en la nueva vida nacional. Sobre el final, los tres hijos de Fierro se dirigen con rumbos distintos e inciertos, como intuyendo que no es del todo seguro que llegue a construirse una nación que acepte incluirlos como habitantes con todos sus derechos.

El autor

Los diarios anunciaron la muerte de José Hernández bajo el título: «Ha fallecido el senador Martín Fierro». No es habitual que un autor desaparezca detrás del nombre de su obra, que ya por entonces se vendía en las pulperías, junto con velas y botellas de ginebra. Tal vez la inmortalidad de su obra contrasta fuertemente con un hombre oscuro, del cual se desconocen varios tramos de su vida. Nació en 1834, en un ambiente rural, y vivió su infancia dominada bajo la lucha entre unitarios y federales, los primeros representados por la línea materna, y los otros, por la paterna. Por entonces, el personal del campo pasaba de sus habituales tareas a la lucha contra el indio o era incluido casi sin conciencia en las luchas políticas habituales en aquellos tiempos. Cuando su padre, Rafael Hérnandez, muere en 1857, José pasa a la ciudad de Paraná donde hará sus primeras armas en la política. Pero de manera paralela a esta actividad pública, testigos de la época cuentan que se paseaba por los mercados «donde se pasaba escuchando los dichos y chistes gauchescos de los carniceros, que entonces eran criollos de pura cepa. Más de una vez escuchaba de labios de viejos gauchos la historia de sus andanzas». Sin duda, allí adquiere Hernández la tremenda facilidad con que reconstruye el habla de los gauchos y elabora un personaje cuyas desdichas resumen la vida de muchos de sus compatriotas a lo largo de todo el siglo XIX. Su trayectoria en la política de la época va desde su partipación en el federalismo provinciano de López Jordán, pasando por su trabajo junto al presidente Derqui, hasta su participación en la legislatura porteña, de la mano del partido autonomista que fundara junto con

Leandro N. Alem, Aristóbulo del Valle y Dardo Rocha (el creador de la ciudad de La Plata). En ese puesto lo encuentra la muerte el 21 de octubre de 1885. En forma paralela, Hernández desarrolló una intensa labor periodística, donde fue desplegando sus ideas, que ha sido recopilada en varios libros. Además, es autor de *Instrucción del estanciero*, especie de manual donde analiza las distintas problemáticas de las tareas del campo.

La poesía gauchesca y *Martín Fierro*

Se ha discutido mucho la pertenencia de la obra *Martín Fierro* a lo que se conoce como poesía gauchesca, un género que tuvo su inicio en las luchas por la independencia y que se cierra con el libro de Hernández. Ya desde 1811, con los *Cielitos y Diálogos Patrióticos* del uruguayo Bartolomé Hidalgo, se había establecido lo que puede leerse como una alianza entre los sectores que luchaban por liberarse del yugo español y la cultura de los gauchos convocados a través de este género literario a unirse a la guerra en el bando patriota. En esas poesías conviven, por un lado, lo que podríamos llamar "ideas cultas", como independencia, libertad, revolución (que habían sido importadas por los sectores ilustrados, sobre todo los que participaron de la Revolución de Mayo), y por el otro, el modo típico de decir de los gauchos y un relato detallado de sus costumbres. Las primeras poesías gauchescas suelen asumir la forma de un diálogo entre dos paisanos, uno que llega al lugar de los hechos (que puede ser la Plaza de Mayo o algún otro sitio público) y otro, más experto, que en lenguaje gauchesco explica el proceso independentista y el valor de las nuevas ideas que empiezan a circular por el país. También esta primitiva poesía gauchesca funciona como una especie de medio de comunicación, pues sirve para trasmitir información acerca de batallas y otros acontecimientos que se vienen sucediendo, celebrando las victorias y lamentando las derrotas ocurridas en el campo militar. Terminada la lucha libertadora, la gauchesca entra de lleno en la zona de enfrentamiento entre unitarios y federales. Por un lado, Hilario Ascasubi, con sus poemas de *Aniceto el Gallo*, contará las "infamias" del régimen rosista y sus métodos re-

presivos. Por el otro, el padre Castane-
da y publicaciones como *El Torito* rei-
vindicarán la gobernación de Rosas y
atacarán sin piedad a los "asquerosos
unitarios".

Con Estanislao del Campo y su *Faus-
to*, la gauchesca tomará un giro funda-
mental. Si bien se mantiene la forma del
diálogo, esta vez lo que domine el relato
será la parodia. Un gaucho que va al Co-
lón a ver la ópera *Fausto* (del francés
Charles Gounod) vuelve y cuenta lo que
allí vio sin distinguir entre ficción y rea-
lidad. Pero más allá de estos y otros an-
tecedentes, *Martín Fierro* se recorta con
un perfil propio. Hay que señalar que ya
no hay alianza con un sector culto, sino
que es el gaucho el que, desde la prime-
ra etapa, asume por completo su propia
voz:

«Aquí me pongo a cantar/al compás de la vigüela/ que al hombre que lo desvela/ una pena estraordinaria/ como la ave solitaria/ con el cantar se consuela».

Y así se mantendrá no sólo como un relato autobiográfico sino como única voz que opina sobre su tiempo, sobre la situación del gaucho y sobre el destino del país. De allí que *Martín Fierro* no es sólo una historia sino el despliegue de una moral (a veces contradictoria) y de una política que apuesta a un país asentado en sus raíces y al trato igualitario para todos sus habitantes. Eso explica que el nombre del personaje de José Hernández haya sido utilizado a lo largo de la historia argentina no sólo como un símbolo de tradición sino como una muestra de rebeldía.

A partir de esta voz cedida al gaucho, *Martín Fierro* evita todo tipo de descripciones pintorescas, tan habituales en la gauchesca anterior y no se detiene en contemplaciones de la naturaleza o de las costumbres del campo. Hay, de todos modos, elementos que emparentan este libro con sus antecesores. Por una parte, el uso de la lengua y del verso octosílabo. Esto último, una constante en la poesía de origen popular, se debe al peculiar ritmo que se impone con los versos de ocho sílabas que facilitan su memorización y eliminan en parte el artificio de la rima. La constante repetición de este recurso permite no sólo un aprendizaje fácil del texto sino que le da esa peculiar andadura narrativa de la obra de Hernández que muchos críticos han destacado. Pero

aun apelando a este tipo de versifica-
ción, se introduce una novedad en la
extensión de la estrofa. Hasta entonces
podemos encontrar estrofas de ocho o
más versos. En *Martín Fierro* se utiliza
lo que se ha denominado sextina her-
nandiana (creación de su autor), que
exige un trabajo más elaborado con la
rima, al tiempo que genera una agilidad
muy evidente en la lectura de un texto
considerablemente extenso.

Estas novedades y diferencias hacen
de *Martín Fierro* un libro único que
nunca descansa en su manera de refle-
jar las tensiones de su tiempo, muchas
de las cuales siguen vigentes. Como su-
cede con los grandes obras, ésta nació
en un momento en que los problemas
parecían ser otros –la inmigración
(dramatizada en el texto en el episodio

de la muerte del napolitano), la organización institucional del país, los debates sobre la inclusión de los gauchos y los indios en la sociedad argentina–. Sin embargo, con su denuncia de las injusticias, con su culto del coraje y de la amistad (representada por Cruz), con su deseo de un mundo mejor sin exclusiones, es una obra que sigue teniendo cosas que decir cuando un argentino la lee y puede reconocerse en sus historias y personajes.

–Marcos Mayer

EL GAUCHO
MARTÍN FIERRO[1]

1 El texto corresponde al de la primera edición de la pri-
mera parte, publicada en 1872. Se consignan con notas
al pie las variantes de texto que el autor hizo en la últi-
ma de la serie, del año 1878.

I

Aquí me pongo a cantar
al compás de la vigüela,
que al hombre que lo desvela
una pena estrordinaria,
como la ave solitaria
con el cantar se consuela.

Pido a los santos del cielo
que ayuden mi pensamiento:
les pido en este momento
que voy a cantar mi historia
me refresquen la memoria
y aclaren mi entendimiento.

Vengan santos milagrosos,
vengan todos en mi ayuda
que la lengua se me añuda
y se me turba la vista;

pido a mi Dios que me asista
en una ocasión tan ruda.

Yo he visto muchos cantores,
con famas bien otenidas,
y que después de alquiridas
no las quieren sustentar:
parece que sin largar
se cansaron en partidas.

Mas ande otro criollo pasa
Martín Fierro ha de pasar;
nada lo hace recular
ni las fantasmas lo espantan,
y dende que todos cantan
yo también quiero cantar.

Cantando me he de morir,
cantando me han de enterrar,
y cantando he de llegar

al pie del Eterno Padre;
dende el vientre de mi madre
vine a este mundo a cantar.

Que no se trabe mi lengua
ni me falte la palabra;
el cantar mi gloria labra
y, poniéndomé a cantar,
cantando me han de encontrar
aunque la tierra se abra.

Me siento en el plan de un bajo[2]
a cantar un argumento;
como si soplara el viento

---

2 Según aclara Eleuterio Tiscornia en su edición (José
 Hernández, *Martín Fierro*, Buenos Aires, Losada, 1988,
 24ª edición), "Las diferencias de nivel en la topografía
 pampeana las designa el gaucho con los términos
 opuestos 'un alto' y 'un bajo'. [...] El plan (o plano), que
 Fierro elige para ponerse a cantar es la parte llana, lisa,
 limpia de yuyos, que le ofrece asiento cómodo".

hago tiritar los pastos.
Con oros, copas y bastos
juega allí mi pensamiento.

Yo no soy cantor letrao,
mas si me pongo a cantar
no tengo cuándo acabar
y me envejezco cantando:
las coplas me van brotando
como agua de manantial.

Con la guitarra en la mano
ni las moscas se me arriman;
naides me pone el pie encima,
y, cuando el pecho se entona,
hago gemir a la prima
y llorar a la bordona.

Yo soy toro en mi rodeo
y torazo en rodeo ajeno;

siempre me tuve por güeno
y si me quieren probar,
salgan otros a cantar
y veremos quién es menos.

No me hago al lao de la güeya
aunque vengan degollando;
con los blandos yo soy blando
y soy duro con los duros,
y ninguno en un apuro
me ha visto andar tutubiando.

En el peligro ¡qué Cristos!
el corazón se me enancha,
pues toda la tierra es cancha,
y de eso naides se asombre;
el que se tiene por hombre
ande quiera hace pata ancha.

Soy gaucho, y entiéndanló
como mi lengua lo esplica:
para mí la tierra es chica
y pudiera ser mayor;
ni la víbora me pica
ni quema mi frente el sol.

Nací como nace el peje
en el fondo de la mar;
naides me puede quitar
aquello que Dios me dio:
lo que al mundo truje yo
del mundo lo he de llevar.

Mi gloria es vivir tan libre
como el pájaro del cielo;
no hago nido en este suelo
ande hay tanto que sufrir,
y naides me ha de seguir
cuando yo remuento el vuelo.

Yo no tengo en el amor
quien me venga con querellas;
como esas aves tan bellas
que saltan de rama en rama,
yo hago en el trébol mi cama,
y me cubren las estrellas.

Y sepan cuantos escuchan
de mis penas el relato
que nunca peleo ni mato
sino por necesidá
y que a tanta alversidá
sólo me arrojó el mal trato.

Y atiendan la relación
que hace un gaucho perseguido,
que padre y marido ha sido
empeñoso y diligente,
y sin embargo la gente
lo tiene por un bandido.

II

Ninguno me hable de penas,
porque yo penando vivo,
y naides se muestre altivo
aunque en el estribo esté,
que suele quedarse a pie
el gaucho mas alvertido.

Junta esperencia en la vida
hasta pa dar y prestar
quien la tiene que pasar
entre sufrimiento y llanto;
porque nada enseña tanto
como el sufrir y el llorar.

Viene el hombre ciego al mundo,
cuartiándoló la esperanza,[3]

---

3 La cuarta es la soga, cadena o barra que se usa para re-
molcar un vehículo atascado. "Cuartiar", por ende, sería

y a poco andar ya lo alcanzan
las desgracias a empujones;
¡la pucha, que trae liciones
el tiempo con sus mudanzas!

Yo he conocido esta tierra
en que el paisano vivía
y su ranchito tenía
y sus hijos y mujer...
Era una delicia el ver
cómo pasaba sus días.

Entonces... cuando el lucero
brillaba en el cielo santo,
y los gallos con su canto
nos decían que el día llegaba,
a la cocina rumbiaba
el gaucho... que era un encanto.

---

remolcar con la cuarta, tarea que en este caso haría metafóricamente la esperanza con el hombre.

Y sentao junto al jogón
a esperar que venga el día,
al cimarrón se prendía
hasta ponerse rechoncho,
mientras su china dormía
tapadita con su poncho.

Y apenas la madrugada
empesaba a coloriar,
los pájaros a cantar
y las gallinas a apiarse,
era cosa de largarse
cada cual a trabajar.

Éste se ata las espuelas,
se sale el otro cantando,
uno busca un pellón blando,
éste un lazo, otro un rebenque,
y los pingos relinchando
los llaman dende el palenque.

El que era pión domador
enderezaba al corral,
ande estaba el animal
bufidos que se las pela...
y más malo que su agüela
se hacía astillas el bagual.

Y allí el gaucho inteligente,
en cuanto el potro enriendó,
los cueros le acomodó
y se le sentó en seguida
que el hombre muestra
     en la vida
la astucia que Dios le dió,

y en las playas corcoviando
pedazos se hacía el sotreta[4]

---

4 Uso figurado: sotreta significa caballo viejo y está apli-
   cado aquí a un potro joven, sin domar.

mientras él por las paletas
le jugaba las lloronas
y al ruido de las caronas
salía haciéndosé gambetas.

¡Ah, tiempos...! ¡Si era
   un orgullo
ver jinetear un paisano!
Cuando era gaucho baquiano,
aunque el potro se boliase,
no había uno que no parase
con el cabresto en la mano.

Y mientras domaban unos,
otros al campo salían
y la hacienda recogían,
las manadas repuntaban,
y ansí sin sentir pasaban
entretenidos el día.

Y verlos al cair la tarde
en la cocina riunidos,
con el juego bien prendido
y mil cosas que contar,
platicar muy divertidos
hasta después de cenar.

Y con el buche bien lleno
era cosa superior
irse en brazos del amor
a dormir como la gente,
pa empezar el día siguiente
las fáinas del día anterior.

Ricuerdo ¡qué maravilla!
cómo andaba la gauchada
siempre alegre y bien montada
y dispuesta pa el trabajo;
pero hoy en día... ¡barajo!
no se le ve de aporriada.

El gaucho más infeliz
tenía tropilla de un pelo,[5]
no le faltaba un consuelo
y andaba la gente lista...
Tendiendo al campo la vista,
no vía sino hacienda y cielo.[6]

Cuando llegaban las yerras,
¡cosa que daba calor
tanto gaucho pialador
y tironiador sin yel!
¡Ah, tiempos... pero si en él
se ha visto tanto primor!

Aquello no era trabajo,
más bien era una junción,
y después de un güen tirón

---

5   Manada de animales del mismo color o muy semejan-
te, lo que resulta especialmente valorado.
6   "Sólo vía hacienda y cielo", en el texto de 1878.

en que uno se daba maña,
pa darle un trago de caña
solía llamarlo el patrón.

Pues vivía la mamajuana
siempre bajo la carreta,
y aquel que no era chancleta,
en cuanto el goyete vía,
sin miedo se le prendía
como güérfano a la teta.

¡Y qué jugadas se armaban
cuando estábamos riunidos!
Siempre íbamos prevenidos,
pues en tales ocasiones
a ayudarle a los piones
caiban muchos comedidos.

Eran los días del apuro
y alboroto pa el hembraje,

pa preparar los potajes
y osequiar bien a la gente,
y ansí, pues, muy grandemente,
pasaba siempre el gauchaje.

Venía la carne con cuero,
la sabrosa carbonada,
mazamorra pien pisada,
los pasteles y el güen vino...
pero ha querido el destino
que todo aquello acabara.

Estaba el gaucho en su pago
con toda siguridá,
pero aura... ¡barbaridá!,
la cosa anda tan fruncida,
que gasta el pobre la vida
en juir de la autoridá.

Pues si usté pisa en su rancho
y si el alcalde lo sabe,
lo caza lo mesmo que ave
aunque su mujer aborte...
¡No hay tiempo que no se acabe
ni tiento que no se corte!

Y al punto dése por muerto
si el alcalde lo bolea,
pues áhi no más se le apea
con una felpa de palos;
y después dicen que es malo
el gaucho si los pelea.

Y el lomo le hinchan a golpes,
y le rompen la cabeza,
y luego con ligereza,
ansí lastimao y todo,
lo amarran codo a codo
y pa el cepo lo enderiezan.

Áhi comienzan sus desgracias,
áhi principia el pericón;
porque ya no hay salvación,
y que usté quiera o no quiera,
lo mandan a la frontera
o lo echan a un batallón.

Ansí empezaron mis males
lo mesmo que los de tantos;
si gustan... en otros cantos
les diré lo que he sufrido.
Despues que uno está perdido
no lo salvan ni los santos.

III

Tuve en mi pago en un tiempo
hijos, hacienda y mujer,
pero empecé a padecer,
me echaron a la frontera,
¡y qué iba a hallar al volver!
tan sólo hallé la tapera.

Sosegao vivía en mi rancho
como el pájaro en su nido,
allí mis hijos queridos
iban creciendo a mi lao...
Sólo queda al desgraciao
lamentar el bien perdido.

Mi gala en las pulperías
era, cuando había más gente,
ponerme medio caliente,
pues cuando puntiao me encuentro

me salen coplas de adentro
como agua de la virtiente.[7]

Cantando estaba una vez
en una gran diversión,
y aprovechó la ocasión
como quiso el Juez de Paz.
se presentó, y áhi nomás
hizo una arriada en montón.

Juyeron los más matreros
y lograron escapar:
yo no quise disparar,
soy manso y no había por qué;
muy tranquilo me quedé
y ansí me dejé agarrar.

---

7 "Ponerse caliente": en este caso, achisparse con la be-
   bida, y estar "puntiao", estar medio borracho.

Allí un gringo con un órgano
y una mona que bailaba,
haciéndonós rair estaba,
cuanto le tocó el arreo.
¡Tan grande el gringo y tan feo,
lo viera cómo lloraba!

Hasta un inglés sanjiador[8]
que decía en la última guerra
que él era de Inca-la-perra
y que no quería servir,
tuvo también que juír
a guarecerse en la sierra.

Ni los mirones salvaron
de esa arriada de mi flor;[9]

---

8 "Sanjiador" por "zanjeador": que trabaja cavando zanjas para defenderse del malón, trabajo para el que era común contratar extranjeros.
9 "De mi flor": de lo mejor, excelente.

fué acoyarao el cantor
con el gringo de la mona;
a uno solo, por favor,
logró salvar la patrona.

Formaron un contingente
con los que del baile arriaron;
con otros nos mesturaron,
que habían agarrao también:
las cosas que aquí se ven
ni los diablos las pensaron.

A mí el Juez me tomó entre ojos
en la última votación:
me le había hecho el remolón
y no me arrimé ese día,
y él dijo que yo servía
a los de la esposición.[10]

---

10 Por "oposición".

Y ansí sufrí ese castigo
tal vez por culpas ajenas;
que sean malas o sean güenas
las listas, siempre me escondo:
yo soy un gaucho redondo
y esas cosas no me enllenan.

Al mandarnos nos hicieron
más promesas que a un altar.
El Juez nos jué a ploclamar
y nos dijo muchas veces:
«Muchachos, a los seis meses
los van a ir a revelar».[11]

Yo llevé un moro de número.
¡Sobresaliente el matucho![12]
Con él gané en Ayacucho

---

11 Por "relevar".
12 Uso figurado de la palabra; se trata de un buen caballo.

más plata que agua bendita:
siempre el gaucho necesita
un pingo pa fiarle un pucho.

Y cargué sin dar mas güeltas
con las prendas que tenía:
jergas, ponchos, cuanto había
en casa, tuito lo alcé:
a mi china la dejé
medio desnuda ese día.

No me faltaba una guasca;
esa ocasión eché el resto:
bozal, maniador, cabresto,
lazo, bolas y manea...
¡el que hoy tan pobre me vea
tal vez no crerá todo esto!

Ansí en mi moro, escarciando,
enderecé a la frontera.

¡Aparcero, si usté viera
lo que se llama cantón...!
Ni envidia tengo al ratón
en aquella ratonera.

De los pobres que allí había
a ninguno lo largaron;
los más viejos rezongaron,
pero a uno que se quejó
en seguida lo estaquiaron,
y la cosa se acabó.

En la lista de la tarde
el jefe nos cantó el punto[13]
diciendo: «Quinientos juntos
llevará el que se resierte;[14]

---

13 "Cantar el punto": hablar claramente, decir la verdad.
14 Por "deserte"; toda la frase significa: el que deserte re-
cibirá quinientos azotes.

lo haremos pitar del juerte;[15]
más bien dése por dijunto».

A naides le dieron armas,
pues toditas las que había
el coronel las tenía,
según dijo esa ocasión,
pa repartirlas el día
en que hubiera una invasión.

Al principio nos dejaron
de haraganes criando sebo,
pero despés... no me atrevo
a decir lo que pasaba...
¡Barajo...! si nos trataban
como se trata a malevos.

---

15 "Pitar del fuerte": fumar tabaco fuerte, metafóricamen-
te, por recibir un castigo recio.

Porque todo era jugarle
por los lomos con la espada,
y aunque usté no hiciera nada,
lo mesmito que en Palermo,[16]
le daban cada cepiada
que lo dejaban enfermo.

¡Y qué indios, ni qué servicio,
si allí no había ni cuartel!
Nos mandaba el coronel
a trabajar en sus chacras,
y dejábamos las vacas
que las llevara el infiel.[17]

Yo primero sembré trigo
y después hice un corral,

---

16 Se alude a la quinta de Rosas donde los opositores eran
   cruelmente castigados.
17 En este caso, indio.

corté adobe pa un tapial,
hice un quincho, corté paja...
¡la pucha que se trabaja
sin que le larguen un rial!

Y es lo pior de aquel enriedo
que si uno anda hinchando
  el lomo[18]
ya se le apean como plomo...
¡Quién aguanta aquel infierno!
Y eso es servir al gobierno,
a mí no me gusta el cómo.

Más de un año nos tuvieron
en esos trabajos duros,
y los indios, le asiguro
dentraban cuando querían:

---

18 "Hinchar el lomo": rebelarse.

como no los perseguían,
siempre andaban sin apuro.

A veces decía al volver
del campo la descubierta
que estuviéramos alerta,
que andaba adentro
    la indiada;
porque había una rastrillada
o estaba una yegua muerta.

Recién entonces salía
la orden de hacer la riunión,
y cáibamos al cantón
en pelos y hasta enancaos,
sin armas, cuatro pelaos
que ibamos a hacer jabón.[19]

---

19 "Hacer jabón": no hacer nada.

Áhi empezaba el afán,
se entiende, de puro vicio,
de enseñarle el ejercicio
a tanto gaucho recluta,
con un estrutor ¡qué... bruta!
que nunca sabía su oficio.

Daban entonces las armas
pa defender los cantones,
que eran lanzas y latones
con ataduras de tiento...
las de juego no las cuento,
porque no había municiones.

Y chamuscao[20] un sargento
me contó que las tenían,
pero que ellos la vendían

---

20 Chamuscado: medio borracho.

para cazar avestruces;
y ansí andaban noche y día
déle bala a los ñanduces.

Y cuando se iban los indios
con lo que habían manotiao,
salíamos muy apuraos
a perseguirlos de atrás;
si no se llevaban más
es porque no habían hallao.

Allí sí se ven desgracias
y lágrimas y afliciones;
naides le pida perdones
al indio, pues donde dentra,
roba y mata cuanto encuentra
y quema las poblaciones.

No salvan de su juror
ni los pobres angelitos;

viejos, mozos y chiquitos
los mata del mesmo modo:
que el indio lo arregla todo
con la lanza y con los gritos.

Tiemblan las carnes al verlo
volando al viento la cerda,
la rienda en la mano izquierda
y la lanza en la derecha;
ande enderieza abre brecha
pues no hay lanzaso
   que pierda.

Hace trotiadas tremendas
desde el fondo del desierto;
ansí llega medio muerto
de hambre, de sé y de fatiga;
pero el indio es una hormiga
que día y noche está despierto.

Sabe manejar las bolas
como naides las maneja;
cuanto el contrario se aleja,
manda una bola perdida,
y si lo alcanza, sin vida
es siguro que lo deja.

Y el indio es como tortuga
de duro para espichar;
si lo llega a destripar
ni siquiera se le encoge:
luego sus tripas recoge
y se agacha a disparar.

Hacían el robo a su gusto
y después se iban de arriba;
se llevaban las cautivas,
y nos contaban que a veces
les descarnaban los pieses,
a las pobrecitas, vivas.

¡Ah, si partía el corazón
ver tantos males, canejo!
Los perseguíamos de lejos
sin poder ni galopiar.
¡Y qué habíamos de alcanzar
en unos bichocos viejos!

Nos volvíamos al cantón
a las dos o tres jornadas,
sembrando las caballadas;[21]
y pa que alguno la venda,
rejuntábamos la hacienda
que habían dejao resagada.

Una vez entre otras muchas,
tanto salir al botón,
nos pegaron un malón
los indios y una lanciada,

---

21 Dejando que los caballos se dispersaran como semillas.

que la gente acobardada
quedó dende esa ocasión.

Habían estao escondidos
aguaitando atrás de un cerro...
¡lo viera a su amigo Fierro
aflojar como un blandito!
Salieron como máiz frito
en cuanto sonó un cencerro.

Al punto nos dispusimos
aunque ellos eran bastantes;
la formamos al istante
nuestra gente, que era poca;
y golpiándosé en la boca
hicieron fila adelante.

Se vinieron en tropel
haciendo temblar la tierra.
No soy manco pa la guerra

pero tuve mi jabón,
pues iba en un redomón
que había boliao en la sierra.

¡Qué vocerío! ¡Qué barullo!
¡Qué apurar esa carrera!
La indiada todita entera
dando alaridos cargó.
¡Jué pucha...! y ya nos sacó
como yeguada matrera.

¡Qué fletes traiban los bárbaros,
como una luz de lijeros!
Hicieron el entrevero
y en aquella mezcolanza,
éste quiero, éste no quiero,
nos escojían con la lanza.

Al que le dan un chuzaso,
dificultoso es que sane;

en fin, para no echar panes,[22]
salimos por esas lomas,
lo mesmo que las palomas
al juir de los gavilanes.

¡Es de almirar la destreza
con que la lanza manejan!
De perseguir nunca dejan,
y nos traiban apretaos.
¡Si queríamos, de apuraos,
salirnos por las orejas!

Y pa mejor de la fiesta
en esa aflición tan suma,
vino un indio echando espuma,
y con la lanza en la mano,
gritando: «Acabáu cristiano,
metáu el lanza hasta el pluma».

---

22 "Echar panes": jactarse, vanagloriarse de algo.

Tendido en el costillar,
cimbrando por sobre el brazo
una lanza como un lazo,
me atropelló dando gritos:
si me descuido... el maldito
me levanta de un lanzazo.

Si me atribulo o me encojo,
siguro que no me escapo:
siempre he sido medio guapo,
pero en aquella ocasión
me hacía buya el corazón
como la garganta al sapo.

Dios le perdone al salvaje
las ganas que me tenía...
desaté las tres marías[23]

---

23 Las boleadoras.

y lo engatusé a cabriolas...
¡Pucha...! si no traigo bolas
me achura el indio ese día.

Era el hijo de un cacique,
sigún yo lo avirigüé;
la verdá del caso jué
que me tuvo apuradazo,
hasta que al fin de un bolazo
del caballo lo bajé.

Áhi no más me tiré al suelo
y lo pisé en las paletas;
empezó a hacer morisquetas
y a mezquinar la garganta...
pero yo hice la obra santa
de hacerlo estirar la jeta.[24]

---

24 "Estirar la jeta": morir.

Allí quedó de mojón
y en su caballo salté;
de la indiada disparé,
pues si me alcanza me mata,
y al fin me les escapé,
con el hilo de una pata.

IV

Seguiré esta relación,
aunque pa chorizo es largo:
el que pueda hágasé cargo
cómo andaría de matrero,
después de salvar el cuero
de aquel trance tan amargo.

Del sueldo nada les cuento,
porque andaba disparando;
nosotros de cuando en cuando
solíamos ladrar de pobres:
nunca llegaban los cobres
que se estaban aguardando.

Y andábamos de mugrientos
que el mirarnos daba horror;
les juro que era un dolor
ver esos hombres, ¡por Cristo!

En mi perra vida he visto
una miseria mayor.

Yo no tenía ni camisa
ni cosa que se parezca;
mis trapos sólo pa yesca
me podían servir al fin...
no hay plaga como un fortín
para que el hombre padezca.

Poncho, jergas, el apero,
las prenditas, los botones,
todo, amigo, en los cantones
jué quedando poco a poco;
ya nos tenían medio loco
la pobreza y los ratones.

Sólo una manta peluda
era cuanto me quedaba;
la había agenciao a la taba

y ella me tapaba el bulto;
yaguané que allí ganaba
no salía... ni con indulto.

Y pa mejor hasta el moro
se me jué de entre las manos;
no soy lerdo... pero, hermano,
vino el comendante un día
diciendo que lo quería
«pa enseñarle a comer grano».

Afigúresé cualquiera
la suerte de este su amigo,
a pie y mostrando el umbligo,
estropiao, pobre y desnudo;
ni por castigo se pudo
hacerse más mal conmigo.

Ansí pasaron los meses,
y vino el año siguiente,

y las cosas igualmente
siguieron del mesmo modo:
adrede parece todo
para aburrir a la gente.

No teníamos más permiso,
ni otro alivio la gauchada,
que salir de madrugada,
cuando no había indio
   ninguno,
campo ajuera, a hacer boliadas
desocando los reyunos.

Y cáibamos al cantón
con los fletes aplastaos,
pero a veces medio aviaos
con plumas y algunos cueros,
que áhi no más
   con el pulpero
los teníamos negociaos.

Era un amigo del jefe
que con un boliche estaba;
yerba y tabaco nos daba
por la pluma de avestruz,
y hasta le hacía ver la luz[25]
al que un cuero le llevaba.

Sólo tenía cuatro frascos
y unas barricas vacías,
y a la gente le vendía
todo cuanto precisaba:
algunos creiban que estaba
allí la proveduría.

¡Ah, pulpero habilidoso!
Nada le solía faltar
¡ahijuna!, y para tragar

---

25 Pagar en alcohol y dinero, los bienes más escasos para
el gaucho en esa situación.

tenía un buche de ñandú;
la gente le dió en llamar
"el boliche de virtú".

Aunque es justo que quien vende
algún poquitito muerda,
tiraba tanto la cuerda
que, con sus cuatro limetas
él cargaba las carretas
de plumas, cueros y cerda.

Nos tenía apuntaos a todos
con más cuentas que un rosario,
cuando se anunció un salario
que iban a dar, o un socorro;
pero sabe Dios qué zorro
se lo comió al comisario.

Pues nunca lo vi llegar,
y al cabo de muchos días

en la mesma pulpería
dieron una *buena cuenta*,[26]
que la gente muy contenta
de tan pobre recebía.

Sacaron unos sus prendas
que las tenían empeñadas,
por sus diudas atrasadas
dieron otros el dinero;
al fin de fiesta el pulpero
se quedó con la mascada.

Yo me arrescosté a un horcón
dando tiempo a que pagaran,
y poniendo güena cara
estuve haciéndomé el poyo,[27]
a esperar que me llamaran
para recibir mi boyo.

---

26 Anticiparon el salario.
27 "Hacerse el pollo": disimular.

Pero áhi me puede quedar
pegao pa siempre al horcón,
ya era casi la oración
y ninguno me llamaba;
la cosa se me ñublaba
y me dentró comezón.

Pa sacarme el entripao
vi al mayor, y lo fí a hablar;
yo me lo empecé a atracar,
y como con poca gana
le dije: «Tal vez mañana
acabarán de pagar».

« —Qué mañana ni otro día»,
al punto me contestó:
«la paga ya se acabó,
siempre has de ser animal»
me rái y le dije: «Yo...
no he recebido ni un rial».

Se le pusieron los ojos
que se le querían salir,
y áhi no más volvió a decir
comiéndomé con la vista:
« –¿Y qué querés recebir
si no has dentrao en la lista?».

« –Éste sí que es amolar»,
dije yo pa mis adentros;
«van dos años que me encuentro
y hasta áura he visto ni un grullo;
dentro en todos los barullos
pero en las listas no dentro».

Vide el plaito mal parao
y no quise aguardar más...
es güeno vivir en paz
con quien nos ha de mandar;
y reculando pa atrás
me le empecé a retirar.

Supo todo el comendante
y me llamó al otro día,
diciéndomé que quería
aviriguar bien las cosas...
que no era el tiempo de Rosas,
que áura a naides se debía.

Llamó al cabo y al sargento
y empezó la indagación:
si había venido al cantón
en tal tiempo o en tal otro...
y si había venido en potro,
en reyuno o redomón.

Y todo era alborotar
al ñudo,[28] y hacer papel;
conocí que era pastel
pa engordar con mi guayaca;

---

28 "Al ñudo": en vano.

mas si voy al coronel
me hacen bramar en la estaca.

¡Ah, hijos de una...! ¡La codicia
ojala les ruempa el saco!
Ni un pedazo de tabaco
le dan al pobre soldao,
y lo tienen, de delgao,
más ligero que un guanaco.

Pero qué iba a hacerles yo,
charabón en el desierto;
más bien me daba por muerto
pa no verme más fundido:
y me les hacía el dormido
aunque soy medio despierto.

V

Yo andaba desesperao,
aguardando una ocasión
que los indios un malón
nos dieran, y entre el estrago
hacérmelés cimarrón
y volverme pa mi pago.

Aquello no era servicio
ni defender la frontera;
aquello era ratonera
en que es más gato el más juerte:[29]
era jugar a la suerte
con una taba culera.

Allí tuito va al revés:
los milicos se hacen piones,

---

29 En 1878: "En que sólo gana el juerte".

y andan en las poblaciones
emprestaos pa trabajar;
los rejuntan pa peliar
cuando entran indios
ladrones.

Yo he visto en esa milonga
muchos jefes con estancia,
y piones en abundancia,
y majadas y rodeos;
he visto negocios feos
a pesar de mi inorancia.

Y colijo que no quieren
la barunda componer;
para esto no ha de tener,
el jefe, aunque esté de estable,
más que su poncho y su sable,
su caballo y su deber.

Ansina, pues, conociendo
que aquel mal no tiene cura,
que tal vez mi sepultura
si me quedo iba a encontrar,
pensé en mandarme mudar
como cosa más sigura.

Y pa mejor, una noche
¡qué estaquiada me pegaron!
Casi me descoyuntaron
por motivo de una gresca.
¡Aijuna, si me estiraron
lo mesmo que guasca fresca!

Jamás me puedo olvidar
lo que esa vez me pasó:
dentrando una noche yo
al fortín, un enganchao,
que estaba medio mamao,
allí me desconoció.

Era un gringo tan bozal,
que nada se le entendía,
¡quién sabe de ande sería!
Tal vez no juera cristiano,
pues lo único que decía
es que era *pa-po-litano*.

Estaba de centinela
y por causa del peludo
verme más claro no pudo,
y esa jué la culpa toda:
el bruto se asustó al ñudo
y fí el pavo de la boda.

Cuando me vido acercar:
«¿Quén vívore...?» preguntó;
«Qué víboras», dije yo.
«¡Hagarto!», me pegó el grito,
Y yo dije despacito:
«Más lagarto serás vos».

Áhi no más, ¡Cristo me valga!,
rastrillar el jusil siento:
me agaché, y en el momento
el bruto me largó un chumbo;
mamao, me tiró sin rumbo,
que si no, no cuento el cuento.

Por de contao, con el tiro
se alborotó el avispero;
los oficiales salieron
y se empezó la junción;
quedó en su puesto el nación,
y yo fí al estaquiadero.

Entre cuatro bayonetas
me tendieron en el suelo;
vino el mayor medio en pedo
y allí se puso a gritar:
«Pícaro, te he de enseñar
andar reclamando sueldos».

De las manos y las patas
me ataron cuatro sinchones;
les aguanté los tirones
sin que ni un ¡ay! se me oyera,
y al gringo la noche entera
lo harté con mis maldiciones.

Yo no sé por qué el gobierno
nos manda aquí a la frontera
gringada que ni siquiera
se sabe atracar a un pingo.
¡Si creerá al mandar un gringo
que nos manda alguna fiera!

No hacen más que dar trabajo,
pues no saben ni ensillar;
no sirven ni pa carniar:
y yo he visto muchas veces
que ni voltiadas las reses
se les querían arrimar.

Y lo pasan sus mercedes
lengüetiando pico a pico[30]
hasta que viene un milico
a servirles al asao...
y eso sí, en lo delicaos,
parecen hijos de rico.

Si hay calor, ya no son gente;
si yela, todos tiritan;
si usté no les da, no pitan
por no gastar en tabaco,
y cuando pescan un naco
uno al otro se lo quitan.

Cuando llueve se acoquinan
como perro que oye truenos.
¡Que diablos!, sólo son güenos
pa vivir entre maricas,

---

30 "Pico a pico": en compañía, mano a mano.

y nunca se andan con chicas
para alzar ponchos ajenos.

Pa vichar son como ciegos;
no hay ejemplo de que entiendan,
ni hay uno solo que aprienda,
al ver un bulto que cruza,
a saber si es avestruza,
o si es jinete, o hacienda.

Si salen a perseguir
después de mucho aparato,
tuitos se pelan al rato
y va quedando el tendal:
esto es como en un nidal
echarle güevos a un gato.[31]

---

31 Con la intención de que los empolle. Expresión que
   significa "inútilmente".

VI

Vamos dentrando recién
a la parte mas sentida,
aunque es todita mi vida
de males una cadena:
a cada alma dolorida
le gusta cantar sus penas.

Se empezó en aquel entonces
a rejuntar caballada,
y riunir la milicada
teniéndolá en el cantón,
para una despedición
a sorprender a la indiada.

Nos anunciaban que iríamos
sin carretas ni bagajes
a golpiar a los salvajes
en sus mesmas tolderías;

que a la güelta pagarían
licenciándoló al gauchaje.

Que en esta despedición
tuviéramos la esperanza;
que iba a venir sin tardanza,
según el jefe contó,
un menistro o qué sé yo...
que le llamaban don Ganza.[32]

Que iba a riunir el ejército
y tuitos los batallones,
y que traiba unos cañones
con más rayas que un cotín.
¡Pucha...! Las conversaciones
por allá no tenían fin.

---

32 Se trata de Martín de Gainza, ministro de guerra de la
   presidencia de D. F. Sarmiento.

Pero esas trampas no enriedan
a los zorros de mi laya;
que el menistro venga o vaya,
poco le importa a un matrero.
Yo también deje las rayas...
en los libros del pulpero.

Nunca juí gaucho dormido;
siempre pronto, siempre listo,
yo soy un hombre, ¡qué Cristo!,
que nada me ha acobardao,
y siempre salí parao
en los trances que me he visto.

Dende chiquito gané
la vida con mi trabajo,
y aunque siempre estuve abajo
y no sé lo que es subir
también el mucho sufrir
suele cansarnos, ¡barajo!

En medio de mi inorancia
conozco que nada valgo:
soy la liebre o soy el galgo
asigún los tiempos andan;
pero también los que mandan
debieran cuidarnos algo.

Una noche que riunidos
estaban en la carpeta
empinando una limeta
el jefe y el Juez de Paz,
yo no quise aguardar más,
y me hice humo en un sotreta.

Para mí el campo son flores
dende que libre me veo;
donde me lleva el deseo
allí mis pasos dirijo,
y hasta en las sombras, de fijo
que a dondequiera rumbeo.

Entro y salgo del peligro
sin que me espante el estrago,
no aflojo al primer amago
ni jamás fí gaucho lerdo:
soy pa rumbiar como el cerdo,[33]
y pronto cái a mi pago.

Volvía al cabo de tres años
de tanto sufrir al ñudo
resertor, pobre y desnudo,
a procurar suerte nueva;
y lo mesmo que el peludo
enderecé pa mi cueva.

No hallé ni rastro del rancho;
¡sólo estaba la tapera!
¡Por Cristo, si aquello era

---

33 Animal famoso por su instinto de orientación.

pa enlutar el corazón:
yo juré en esa ocasión
ser más malo que una fiera!

¡Quién no sentirá lo mesmo
cuando ansí padece tanto!
Puedo asigurar que el llanto
como una mujer largué:
¡Ay, mi Dios, si me quedé
más triste que Jueves Santo!

Sólo se oiban los aullidos
de un gato que se salvó;
el pobre se guareció
cerca, en una vizcachera:
venía como si supiera
que estaba de güelta yo.

Al dirme dejé la hacienda
que era todito mi haber;

pronto debíamos volver,
sigún el Juez prometía,
y hasta entonces cuidaría
de los bienes la mujer.

Después me contó
    un vecino
que el campo se lo pidieron,
la hacienda se la vendieron
pa pagar arrendamientos,
y qué sé yo cuántos cuentos;
pero todo lo fundieron.

Los pobrecitos muchachos,
entre tantas afliciones,
se conchabaron de piones;
¡mas qué iban a trabajar,
si eran como los pichones
sin acabar de emplumar!

Por áhi andarán sufriendo
de nuestra suerte el rigor:
me han contao que el mayor
nunca dejaba a su hermano;
puede ser que algún cristiano
los recoja por favor.

Y la pobre mi mujer,
¡Dios sabe cuánto sufrió!
Me dicen que se voló
con no sé qué gavilán:
sin duda a buscar el pan
que no podía darle yo.

No es raro que a uno le falte
lo que a algún otro le sobre;
si no le quedó ni un cobre
sinó de hijos un enjambre,
¿qué más iba a hacer la pobre
para no morirse de hambre?

Tal vez no te vuelva a ver,
prenda de mi corazón:
Dios te dé su proteción
ya que no me la dió a mí,
y a mis hijos dende aquí
les hecho mi bendición.

Como hijitos de la cuna
andaban[34] por áhi sin madre;
ya se quedaron sin padre,
y ansí la suerte los deja,
sin naides que los proteja
y sin perro que les ladre.

Los pobrecitos tal vez
no tengan ande abrigarse,
ni ramada ande ganarse,
ni rincón ande meterse,

---

34 En 1878, "andarán".

ni camisa que ponerse,
ni poncho con que taparse.

Tal vez los verán sufrir
sin tenerles compasión;
puede que alguna ocasión,
aunque los vean tiritando,
los echen de algún jogón
pa que no estén estorbando.

Y al verse ansina espantaos
como se espanta a los perros,
irán los hijos de Fierro,
con la cola entre las piernas,
a buscar almas más tiernas
o esconderse en algún cerro.

Mas también en este juego
voy a pedir mi bolada;
a naides le debo nada,

ni pido cuartel ni doy:
y ninguno dende hoy
ha de llevarme en la armada.

Yo he sido manso primero,
y seré gaucho matrero,
en mi triste circunstancia,
aunque es mi mal tan projundo;
nací y me he criao en estancia,
pero ya conozco el mundo.

Ya les conozco sus mañas,
le conozco sus cucañas,
sé como hacen la partida,
la enriedan y la manejan:
desaceré la madeja
aunque me cueste la vida.

Y aguante el que no se anime
a meterse en tanto engorro

o si no aprétesé el gorro
y para otra tierra emigre;
pero yo ando como el tigre
que le roban los cachorros.

Aunque muchos creen que el gaucho
tiene alma de reyuno,
no se encontrará a ninguno
que no le dueblen las penas;
mas no debe aflojar uno
mientras hay sangre en las venas.

VII

De carta de más me vía
sin saber adónde dirme;
mas dijeron que era vago
y entraron a perseguirme.

Nunca se achican los males,
van poco a poco creciendo,
y ansina me vide pronto
obligao a andar juyendo.

No tenía mujer ni rancho,
y a más, era resertor;
no tenía una prenda güena
ni un peso en el tirador.

A mis hijos infelices
pensé volverlos a hallar,
y andaba de un lao al otro
sin tener ni que pitar.

Supe una vez por desgracia
que había un baile por allí,
y medio desesperao
a ver la milonga fuí.

Riunidos al pericón
tantos amigos hallé,
que alegre de verme entre ellos
esa noche me apedé.

Como nunca, en la ocasión
por peliar me dió la tranca,
y la emprendí con un negro
que trujo una negra en ancas.

Al ver llegar la morena,
que no hacía caso de naides,
le dije con la mamúa:
«Va... ca... yendo gente al baile».

La negra entendió la cosa
y no tardó en contestarme,
mirándome como a un perro:
«más *vaca* será su madre».

Y dentró al baile muy tiesa
con más cola que una zorra,
haciendo blanquiar los dientes
lo mesmo que mazamorra.

«– ¡Negra linda!»... dije yo,
«me gusta... pa la carona»;
y me puse a talariar
esta coplita fregona:

«A los blancos hizo Dios,
a los mulatos San Pedro,
a los negros hizo el diablo
para tizón del infierno».

Había estao juntando rabia
el moreno dende ajuera;
en lo escuro le brillaban
los ojos como linterna.

Lo conocí retobao,
me acerqué y le dije presto:
«Por... rudo... que un hombre sea
nunca se enoja por esto».

Corcovió el de los tamangos
y creyéndose muy fijo:[35]
«– Más *porrudo* serás vos,
gaucho rotoso», me dijo.

Y ya se me vino al humo
como a buscarme la hebra,[36]

---

35 "Muy fijo": muy seguro.
36 "Buscándome la hebra": tratando de herirme.

y un golpe le acomodé
con el porrón de ginebra.

Áhi nomás pegó el de hollín
más gruñidos que un chanchito,
y pelando el envenao
me atropelló dando gritos.

Pegué un brinco y abrí cancha
diciéndoles: «–Caballeros,
dejen venir ese toro;
solo nací... solo muero».

El negro, después del golpe,
se había el poncho refalao
y dijo: «–Vas a saber
si es solo o acompañao».

Y mientras se arremangó,
yo me saqué las espuelas,

pues malicié que aquel tío
no era de arriar con las riendas.

No hay cosa como el peligro
pa refrescar un mamao;
hasta la vista se aclara
por mucho que haiga chupao.

El negro me atropelló
como a quererme comer;
me hizo dos tiros seguidos
y los dos le abarajé.

Yo tenía un facón con S,[37]
que era de lima de acero;
le hice un tiro, lo quitó
y vino ciego el moreno;

---

37 Arma que entre la empuñadura y la hoja tiene una pieza con forma de S.

Y en el medio de las aspas
un planaso le asenté
que lo largue culebriando
lo mesmo que buscapié.

Le coloriaron las motas
con la sangre de la herida,
y volvió a venir jurioso
como una tigra parida.

Y ya me hizo relumbrar
por los ojos el cuchillo,
alcansando con la punta
a cortarme en un carrillo.

Me hirvió la sangre en las venas
y me le afirmé al moreno,
dándole de punta y hacha
pa dejar un diablo menos.

Por fin en una topada
en el cuchillo lo alcé,
y como un saco de güesos
contra un cerco lo largué.

Tiró unas cuantas patadas
y ya cantó pal carnero:[38]
nunca me pude olvidar
de la agonía de aquel negro.

En esto la negra vino
con los ojos como ají
y empesó la pobre allí
a bramar como una loba.

Yo quise darle una soba
a ver si la hacía callar,

---

38 "Cantar pal carnero": morir.

mas pude reflesionar
que era malo en aquel punto,
y por respeto al dijunto
no la quise castigar.

Limpié el facón en los pastos,
desaté mi redomón,
monté despacio y salí
al tranco pa el cañadón.

Después supe que al finao
ni siquiera lo velaron,
y retobao en un cuero,
sin resarle lo enterraron.

Y dicen que dende entonces,
cuando es la noche serena
suele verse una luz mala
como de alma que anda en pena.

Yo tengo intención a veces,
para que no pene tanto,
de sacar de allí los güesos
y echarlos al camposanto.

VIII

Otra vez en un boliche
estaba haciendo la tarde;[39]
cayó un gaucho que hacía alarde
de guapo y de peliador;
a la llegada metió
el pingo hasta la ramada,
y yo sin decirle nada
me quedé en el mostrador.

Era un terne de aquel pago
que naides lo reprendía,
que sus enriedos tenía
con el señor comendante;
y como era protegido,
andaba muy entonao,

---

39 "Hacer la tarde": tomando una copa; es más frecuente,
según señala Tiscornia, la expresión "hacer la mañana".

y a cualquiera desgraciao
lo llevaba por delante.

¡Ah, pobre si él mismo creiba
que la vida le sobraba!
Ninguno diría que andaba
aguaitándoló la muerte;
pero ansí pasa en el mundo,
es ansí la triste vida:
pa todos está escondida
la güena o la mala suerte.

Se tiró al suelo; al dentrar
le dió un empeyón a un vasco,
y me alargó un medio frasco
diciendo: «Beba cuñao».
«Por su hermana», contesté,
«que por la mía no hay cuidao.»

«¡Ah, gaucho!», me respondió.
«¿De qué pago será criollo?

Lo andará buscando el hoyo,
deberá tener güen cuero;
pero ande bala este toro
no bala ningún ternero.»

Y ya salimos trensaos
porque el hombre no era lerdo,
mas como el tino no pierdo,
y soy medio ligerón,
le dejé mostrando el sebo[40]
de un revés con el facón.

Y como con la justicia
no andaba bien por allí,
cuanto pataliar lo ví,
y el pulpero pegó el grito,
ya pa el palenque salí
como haciéndomé el chiquito.

---

40 "Mostrando el cebo": muerto.

Monté y me encomendé a Dios,
rumbiando para otro pago,
que el gaucho que llaman vago
no puede tener querencia,
y ansí de estrago en estrago
vive yorando la ausencia.

Él anda siempre juyendo,
siempre pobre y perseguido;
no tiene cueva ni nido
como si juera maldito;
porque el ser gaucho... ¡barajo!,
el ser gaucho es un delito.

Es como el patrio de posta:[41]
lo larga éste, aquél lo toma,
nunca se acaba la broma;

---

41 "Patrio de posta" es lo mismo que "reyuno", es decir, el
caballo al servicio del Estado (anteriormente, del rey).

dende chico se parece
al arbolito que crece
desamparao en la loma.

Le echan la agua del bautismo
aquel que nació en la selva;
«buscá madre que te envuelva»,
le dice el flaire[42] y lo larga,
y dentra a crusar el mundo
como burro con la carga.

Y se cría viviendo al viento
como oveja sin trasquila;
mientras su padre en las filas
anda sirviendo al gobierno;
aunque tirite en invierno,
naides lo ampara ni asila.

---

42 Por fraile.

Le llaman "gaucho mamao"
si lo pillan divertido,
y que es mal entretenido
si en un baile lo sorprienden;
hace mal si se defiende
y si no, se ve... fundido.

No tiene hijos ni mujer,
ni amigos ni protetores,
pues todos son sus señores
sin que ninguno lo ampare:
tiene la suerte del güey,
¿y dónde irá el güey que no are?

Su casa es el pajonal,
su guarida es el desierto;
y si de hambre medio muerto
le echa el lazo a algún mamón,
lo persiguen como a plaito,
porque es un "gaucho ladrón".

Y si de un golpe por áhi
lo dan güelta panza arriba,
no hay un alma compasiva
que le rece una oración:
tal vez como cimarrón
en una cueva lo tiran.

Él nada gana en la paz
y es el primero en la guerra;
no le perdonan si yerra,
que no saben perdonar,
porque el gaucho en esta tierra
sólo sirve pa votar.

Para él son los calabozos;
para él las duras prisiones;
en su boca no hay razones
aunque la razón le sobre;
que son campanas de palo
las razones de los pobres.

Si uno aguanta, es gaucho bruto;
si no aguanta, es gaucho malo.
¡Déle azote, déle palo,
porque es lo que él necesita!
De todo el que nació gaucho
ésta es la suerte maldita.

Vamos, suerte, vamos juntos
dende que juntos nacimos;
y ya que juntos vivimos
sin podernos dividir...
yo abriré con mi cuchillo
el camino pa seguir.

IX

Matreriando lo pasaba
y a las casas no venía;
solía arrimarme de día,
mas, lo mesmos que el carancho,
siempre estaba sobre el rancho
espiando a la polecía.

Viva el gaucho que ande mal,
como zorro perseguido,
hasta que al menor descuido
se lo atarasquen los perros,
pues nunca le falta un yerro
al hombre más alvertido.

Y en esa hora de la tarde
en que tuito se adormece,
que el mundo dentrar parece
a vivir en pura calma,

con las tristezas del alma
al pajonal enderiese.

Bala el tierno corderito
al lao de la blanca oveja,
y a la vaca que se aleja
llama el ternero amarrao;
pero el gaucho desgraciao
no tiene a quién dar su queja.

Ansí es que al venir la noche
iba a buscar mi guarida,
pues ande el tigre se anida
también el hombre lo pasa,
y no quería que en las casas
me rodiara la partida.

Pues aun cuando vengan ellos
cumpliendo con su deberes,
yo tengo otros pareceres,

y en esa conduta vivo:
que no debe un gaucho altivo
peliar entre las mujeres.

Y al campo me iba solito,
más matrero que el venao,
como perro abandonao
a buscar una tapera,
o en alguna biscachera
pasar la noche tirao.

Sin punto ni rumbo fijo
en aquella inmensidá,
entre tanta escuridá
anda el gaucho como duende;
allí jamás lo sorpriende
dormido, la autoridá.

Su esperanza es el coraje,
su guardia es la precaución,

su pingo es la salvasión,
y pasa uno en su desvelo,
sin más amparo que el cielo
ni otro amigo que el facón.

. . . .

Ansí me hallaba una noche
contemplando las estrellas,
que le parecen más bellas
cuanto uno es más desgraciao,
y que Dios las haiga criao
para consolarse en ellas.

Les tiene el hombre cariño
y siempre con alegría
ve salir las Tres Marías;
que, si llueve, cuanto escampa
las estrellas son la guía
que el gaucho tiene en la pampa.

Aquí no valen dotores:
sólo vale la esperencia;
aquí verían su inocencia
esos que todo lo saben,
porque esto tiene otra llave
y el gaucho tiene su cencia.

Es triste en medio del campo
pasarse noches enteras
contemplando en sus carreras
las estrellas que Dios cría,
sin tener más compañía
que su soledá y las fieras.

Me encontraba, como digo,
en aquella soledá,
entre tanta escuridá,
echando al viento mis quejas,
cuando el grito del chajá
me hizo parar las orejas.

Como lumbriz me pegué
al suelo para escuchar;
pronto sentí retumbar
las pisadas de los fletes,
y que eran muchos jinetes
conocí sin vasilar.

Cuando el hombre está en peligro
no debe tener confianza;
ansí, tendido de panza,
puse toda mi atención
y ya escuché sin tardanza
como el ruido de un latón.

Se venían tan calladitos
que yo me puse en cuidao;
tal vez me hubieran bombiao
y me venían a buscar;
mas no quise disparar,
que eso es de gaucho morao.

Al punto me santigüé
y eché de giñebra un taco;
lo mesmito que el mataco
le arroyé con el porrón:
«Si han de darme pa tabaco,[43]
dije, ésta es güena ocasión.

Me refalé las espuelas,
para no peliar con grillos;
me arremangué el calzoncillo
y me ajusté bien la faja,
y en una mata de paja
probé el filo del cuchillo.

Para tenerlo a la mano
el flete en el pasto até,
la cincha le acomodé,
y, en un trance como aquel,

---

43 "Dar para tabaco": castigar.

haciendo espaldas en él
quietito los aguardé.

Cuando cerca los sentí,
y que áhi no más se pararon,
los pelos se me erizaron,
y aunque nada vían mis ojos,
«No se han de morir de antojo»
les dije, cuando llegaron.

Yo quise hacerles saber
que allí se hallaba un varón;
les conocí la intención
y solamente por eso
es que les gané el tirón,[44]
sin aguardar voz de preso.

«–Vos sos un gaucho matrero»,
dijo uno, haciéndosé el güeno.

---

44 "Ganar el tirón": adelantarse a alguien.

«–Vos matastes un moreno
y otro en una pulpería,
y aquí está la polecía
que viene a ajustar tus cuentas;
te va alzar por las cuarenta[45]
si te resistís hoy día.»

«–No me vengan, contesté,
con relación de dijuntos:
esos son otros asuntos;
vean si me pueden llevar,
que yo no me he de entregar,
aunque vengan todos juntos.»

Pero no aguardaron más
y se apiaron en montón;
como a perro cimarrón
me rodiaron entre tantos;

---

45 "Alzar por las cuarenta": aplastar, reducir, vencer. Similar a "cantar las cuarenta".

ya me encomendé a los santos,
y eché mano a mi facón.

Y ya vide el fogonazo
de un tiro de garabina,
mas quiso la suerte indina
de aquel maula, que me errase,
y áhi no más lo levantase
lo mesmo que una sardina.

A otro que estaba apurao
acomodando una bola
le hice una dentrada sola
y le hice sentir el fierro,
y ya salió como el perro
cuando le pisan la cola.

Era tanta la aflición
y la angurria que tenían,
que tuitos se me venían,

donde yo los esperaba;
uno al otro se estorbaba
y con las ganas no vían.

Dos de ellos, que traiban sables
más garifos y resueltos,
en las hilachas envueltos
enfrente se me pararon,
y a un tiempo me atropellaron
lo mesmo que perros sueltos.

Me fuí reculando en falso
y el poncho adelante eché,
y en cuanto le puso el pie
uno medio chapetón,
de pronto le di un tirón
y de espaldas lo largué.

Al verse sin compañero
el otro se sofrenó;

entonces le dentré yo,
sin dejarlo resollar,
pero ya empezó a aflojar
y a la pun... ta disparó.

Uno que en una tacuara
había atao una tijera,
se vino como si juera
palenque de atar terneros,
pero en dos tiros certeros
salió aullando campo ajuera.

Por suerte en aquel momento
venía coloriando el alba
y yo dije: «Si me salva
la Virgen en este apuro,
en adelante le juro
ser más güeno que una malva».

Pegué un brinco y entre todos
sin miedo me entreveré;
hecho ovillo me quedé
y ya me cargó una yunta,
y por el suelo la punta
de mi facón les jugué.

El más engolosinao
se me apió con un hachazo;
se lo quité con el brazo;
de no, me mata los piojos;
y antes de que diera un paso
le eché tierra en los dos ojos.

Y mientras se sacudía
refregándosé la vista,
yo me le fuí como lista[46]
y áhi no más me le afirmé,

---

46 La expresión es "irse como lista de poncho" y significa
    "sin detenerse".

diciéndolé: «Dios te asista»,
y de un revés lo voltié.

Pero en ese punto mesmo
sentí que por las costillas
un sable me hacía cosquillas
y la sangre se me heló.
Desde ese momento yo
me salí de mis casillas.

Di para atrás unos pasos
hasta que pude hacer pie;
por delante me lo eché
de punta y tajos a un criollo;
metió la pata en un oyo,
y yo al oyo lo mandé.

Tal vez en el corazón
lo tocó un santo bendito
a un gaucho, que pegó el grito

y dijo: «¡Cruz no consiente
que se cometa el delito
de matar ansí a un valiente!».

Y áhi no más se me aparió,
dentrándolé a la partida;
yo les hice otra embestida
pues entre dos era robo;
y el Cruz era como lobo
que defiende su guarida.

Uno despachó al infierno
de dos que lo atropellaron;
los demás remoliniaron,
pues íbamos a la fija,
y a poco andar dispararon
lo mesmo que sabandija.

Áhi quedaron largo a largo
los que estiraron la jeta;

otro iba como maleta,
y Cruz, de atrás, les decía:
«Que venga otra polecía
a llevarlos en carreta».

Yo junté las osamentas,
me hinqué y les recé un bendito,
hice una cruz de un palito
y pedí a mi Dios clemente
me perdonara el delito
de haber muerto tanta gente.

Dejamos amotonaos
a los pobres que murieron;
no sé si los recogieron,
porque nos fuimos a un rancho,
o si tal vez los caranchos
áhi no más se los comieron.

Lo agarramos mano a mano
entre los dos al porrón;
en semejante ocasión
un trago a cualquiera encanta;
y Cruz no era remolón
ni pijotiaba garganta.

Calentamos los gargueros
y nos largamos muy tiesos,
siguiendo siempre los besos
al pichel, y por más señas,
íbamos como sigüeñas
estirando los pescuesos.

«—Yo me voy —le dije—, amigo,
donde la suerte me lleve,
y si es que alguno se atreve,
a ponerse en mi camino,
yo seguiré mi destino,
que el hombre hace lo que debe.

»Soy un gaucho desgraciao,
no tengo dónde ampararme,
ni un palo donde rascarme,
ni un árbol que me cubije:
pero ni aun esto me aflige,
porque yo sé manejarme.

»Antes de cáir al servicio,
tenía familia y hacienda;
cuando volví, ni la prenda
me la habían dejao ya:
Dios sabe en lo que vendrá
a parar esta contienda.»

X
CRUZ

Amigazo, pa sufrir
han nacido los varones;
éstas son las ocasiones
de mostrarse un hombre juerte,
hasta que venga la muerte
y lo agarre a coscorrones.

El andar tan despilchao
ningun mérito me quita.
Sin ser un alma bendita
me duelo del mal ajeno:
soy un pastel con relleno
que parece torta frita.

Tampoco me faltan males
y desgracias, le prevengo;
también mis desdichas tengo,

aunque esto poco me aflige:
yo se hacerme el chango rengo[47]
cuando la cosa lo esige.

Y con algunos ardiles
voy viviendo, aunque rotoso;
a veces me hago el sarnoso
y no tengo ni un granito,
pero al chifle voy ganoso
como panzón al máiz frito.

A mí no me matan penas
mientras tenga el cuero sano;
venga el sol en el verano
y la escarcha en el invierno.
Si este mundo es un infierno
¿por qué afligirse el cristiano?

---

47 "Hacerse el chancho rengo": disimular.

Hagámoslé cara fiera
a los males, compañero,
porque el zorro más matrero
suele cáir como un chorlito;
viene por un corderito
y en la estaca deja el cuero.

Hoy tenemos que sufrir
males que no tienen nombre,
pero esto a naides lo asombre
porque ansina es el pastel,
y tiene que dar el hombre
mas güeltas que un carretel.

Yo nunca me he de entregar
a los brazos de la muerte;
arrastro mi triste suerte
paso a paso y como pueda,
que donde el débil se queda
se suele escapar el juerte.

Y ricuerde cada cual
lo que cada cual sufrió,
que lo que es, amigo, yo,
hago ansí la cuenta mía:
ya lo pasado pasó,
mañana será otro día.

Yo también tuve una pilcha
que me enllenó el corazón,
y si en aquella ocasión
alguien me hubiera buscao,
siguro que me había hallao
más prendido que un botón.

En la güeya del querer
no hay animal que se pierda;
las mujeres no son lerdas,
y todo gaucho es dotor
si pa cantarle al amor
tiene que templar las cuerdas.

¡Quién es de una alma tan dura
que no quiere una mujer!
Lo alivia en su padecer:
si no sale calavera
es la mejor compañera
que el hombre puede tener.

Si es güena, no lo abandona
cuando lo ve desgraciao,
lo asiste con su cuidao
y con afán cariñoso,
y usté tal vez ni un rebozo
ni una pollera le ha dao.

¡Grandemente lo pasaba
con aquella prenda mía,
viviendo con alegría
como la mosca en la miel!
¡Amigo, qué tiempo aquél!
¡La pucha que la quería!

Era la águila que a un árbol
dende las nubes bajó,
era más linda que el alba
cuando va rayando el sol;
era la flor deliciosa
que entre el trebolar creció.

Pero, amigo, el comendante
que mandaba la milicia,
como que no desperdicia
se fué refalando a casa:
yo le conocí en la traza
que el hombre traiba malicia.

Él me daba voz de amigo,
pero no le tenía fe.
Era el jefe y, ya se ve,
no podía competir yo;
en mi rancho se pegó
lo mesmo que saguaipé.

A poco andar, conocí
que ya me había desbancao,
y él siempre muy entonao,
aunque sin darme ni un cobre,
me tenía de lao a lao
como encomienda de pobre.

A cada rato, de chasque
me hacía dir a gran distancia;
ya me mandaba a una estancia,
ya al pueblo, ya a la frontera;
pero él en la comendancia
no ponía los pies siquiera.

Es triste a no poder más
el hombre en su padecer,
si no tiene una mujer
que lo ampare y lo consuele:
mas pa que otro se la pele
lo mejor es no tener.

No me gusta que otro gallo
le cacarié a mi gallina.
Yo andaba ya con la espina,
hasta que en una ocasión
lo solprendí en el jogón[48]
abrazándomé a la china.

Tenía el viejito una cara
de ternero mal lamido,
y al verle tan atrevido
le dije: «Que le aproveche;
que había sido pa el amor
como guacho pa la leche».[49]

Peló la espalda y se vino
como a quererme ensartar,
pero yo sin tutubiar

---

48 En la edición de 1878, "Lo pillé junto al jogón".
49 El cordero guacho se amamanta en cualquier otra oveja o es criado con leche de vaca.

le volví al punto a decir:
«–Cuidao no te vas a pér... tigo;[50]
poné cuarta pa salir».

Un puntazo me largó,
pero el cuerpo le saqué,
y en cuanto se lo quité,
para no matar un viejo,
con cuidao, medio de lejo,
un planaso le asenté.

Y como nunca al que manda
le falta algún adulón,
uno que en esa ocasión
se encontraba allí presente,
vino apretando los dientes
como perrito mamón.

---

50 La palabra "pértigo" disimula el verbo "peer", que sig-
nifica "echar una ventosidad".

Me hizo un tiro de revuélver
que el hombre creyó siguro,
era confiado y le juro
que cerquita se arrimaba,
pero, siempre en un apuro
se desentumen mis tabas.

Él me siguió menudiando
mas sin poderme acertar,
y yo, déle culebriar,
hasta que al fin le dentré
y áhi no más lo despaché
sin dejarlo resollar.

Dentré a campiar en seguida
al viejito enamorao.
El pobre se había ganao
en un noque de lejía.
¡Quién sabe cómo estaría
del susto que había llevao!

¡Es sonso el cristiano macho
cuando el amor lo domina!
Él la miraba a la indina,
y una cosa tan jedionda
sentí yo, que ni en la fonda
he visto tal jedentina.

Y le dije: «Pa su agüela
han de ser esas perdices».[51]
Yo me tapé las narices,
y me salí estornudando,
y el viejo quedó olfatiando
como chico con lumbrices.

Cuando la mula recula,
señal que quiere cosiar;

---

51 La palabra "perdices" está asociada aquí con el verbo
"perder", como en la expresión "hacerse perdiz" que
equivale a desaparecer. Es obvio, por el verso siguien-
te, qué ha sido lo que el comandante ha perdido.

ansí se suele portar
aunque ella lo disimula:
recula como la mula
la mujer, para olvidar.

Alcé mis ponchos y mis prendas
y me largué a padecer
por culpa de una mujer
que quiso engañar a dos.
Al rancho le dije adiós,
para nunca más volver.

Las mujeres, dende entonces,
conocí a todas en una.
Ya no he de probar fortuna
con carta tan conocida:
mujer y perra parida,
no se me acerca ninguna.

XI

A otros les brotan las coplas
como agua de manantial;
pues a mí me pasa igual,
aunque las mías nada valen:
de la boca se me salen
como ovejas de corral.

Que en puertiando la primera,
ya la siguen los demás,
y en montones las de atrás
contra los palos se estrellan,
y saltan y se atropellan
sin que se corten jamás.

Y aunque yo por mi inorancia
con gran trabajo me esplico,
cuando llego a abrir el pico,
ténganló por cosa cierta:

sale un verso y en la puerta
ya asoma el otro el hocico.

Y empréstemé su atención,
me oirá relatar las penas
de que traigo la alma llena,
porque en toda circustancia,
paga el gaucho su inorancia
con la sangre de sus venas.

Después de aquella desgracia
me guarecí en los pajales,[52]
anduve entre los cardales
como bicho sin guarida;
pero, amigo, es esa vida
como vida de animales.

---

52 En la edición de 1878, "refugié".

Y son tantas las miserias
en que me he sabido ver,
que con tanto padecer
y sufrir tanta aflición,
malicio que he de tener
un callo en el corazón.

Ansí andaba como guacho
cuando pasa el temporal.
Supe una vez, pa mi mal,
de una milonga que había,
y ya pa la pulpería
enderecé mi bagual.

Era la casa del baile
un rancho de mala muerte,
y se enllenó de tal suerte
que andábamos a empujones:
nunca faltan encontrones
cuando el pobre se divierte.

Yo tenía unas medias botas
con tamaños verdugones;
me pusieron los talones
con crestas como los gallos;
¡si viera mis afliciones
pensando yo que eran callos!

Con gato y con fandanguillo
había empezado el changango,
y para ver el fandango
me colé haciéndomé bola,
mas metió el diablo la cola,
y todo se volvió pango.

Había sido el guitarrero
un gaucho duro de boca.
Yo tengo paciencia poca
pa aguantar cuando no debo:
a ninguno me le atrevo,
pero me halla el que me toca.

A bailar un pericón
con una moza salí,
y cuanto me vido allí
sin duda me conoció,
y estas coplitas cantó
como por ráirse de mí:

«Las mujeres son todas
como las mulas;
yo no digo que todas,
pero hay algunas
que a las aves que vuelan
les sacan plumas.

»Hay gauchos que presumen
de tener damas;
no digo que presumen,
pero se alaban,
y a lo mejor los dejan
tocando tablas».

Se secretiaron las hembras,
y yo ya me encocoré;
volié la anca[53] y le grité:
«Dejá de cantar..., chicharra».
Y de un tajo a la guitarra
tuitas las cuerdas corté.

Al punto salió de adentro
un gringo con un jusil;
pero nunca he sido vil,
poco el peligro me espanta;
yo me refalé la manta
y la eché sobre el candil.

Gané en seguida la puerta
gritando: «Naides me ataje»;
y alborotao el hembraje
lo que todo quedo escuro,

---

53 "Volear el anca": enfrentarse, encarar.

empezó a verse en apuro
mesturao con el gauchaje.

El primero que salió
fué el cantor y se me vino;
pero yo no pierdo el tino
aunque haiga tomao un trago,
y hay algunos por mi pago
que me tienen por ladino.

No ha de haber achocao otro;
le salió cara la broma;
a su amigo cuando toma
se le despeja el sentido,
y el pobrecito había sido
como carne de paloma.

Para prestar un socorro
las mujeres no son lerdas:
antes que la sangre pierda

lo arrimaron a unas pipas.
Áhi lo dejé con las tripas
como pa que hiciera cuerdas.

Monté y me largé a los campos
más libre que el pensamiento,
como las nubes al viento
a vivir sin paradero;
que no tiene el que es matrero
nido, ni rancho, ni asiento.

No hay juerza contra el destino
que le ha señalao el cielo,
y aunque no tenga consuelo,
aguante el que está en trabajo:
¡naides se rasca pa abajo,
ni se lonjea contra el pelo!

Con el gaucho desgraciao
no hay uno que no se entone;

la mesma[54] falta lo espone
a andar con los avestruces:
faltan otros con más luces
y siempre hay quien los perdone.

---

54 En la edición de 1878: "la menor".

XII

Yo no sé qué tantos meses
esta vida me duró;
a veces nos obligó
la miseria a comer potro:
me había acompañao con otros
tan desgraciaos como yo.

Mas ¿para qué platicar
sobre esos males, canejo?
Nace el gaucho y se hace viejo,
sin que mejore su suerte,
hasta que por áhi la muerte
sale a cobrarle el pellejo.

Pero como no hay desgracia
que no acabe alguna vez,
me aconteció que después
de sufrir tanto rigor,

un amigo, por favor,
me compuso con el juez.

Le alvertiré que en mi pago
ya no va quedando un criollo:
se los ha tragao el hoyo,
o juido o muerto en la guerra;
porque, amigo, en esta tierra
nunca se acaba el embrollo.

Colijo que jué para eso
que me llamó el juez un día,
y me dijo que quería
hacerme a su lao venir,
y que dentrase a servir
de soldao de polecía.

Y me largó una ploclama
tratándomé de valiente;
que yo era un hombre decente,

y que dende aquel momento
me nombraba de sargento
pa que mandara la gente.

Ansí estuve en la partida,
pero ¡qué había de mandar!
Anoche al irlo a tomar
vide güena coyontura,
y a mí no me gusta andar
con la lata a la cintura.

. . . .

Ya conoce, pues, quién soy;
tenga confianza conmigo;
Cruz le dio mano de amigo,
y no lo ha de abandonar;
juntos podemos buscar
pa los dos un mesmo abrigo.

Andaremos de matreros
si es preciso pa salvar;
nunca nos ha de faltar
ni un güen pingo para juir,
ni un pajal ande dormir,
ni un matambre que ensartar.

Y cuando sin trapo alguno
nos haiga el tiempo dejao,
yo le pediré emprestao
el cuero a cualquiera lobo,
y hago un poncho, si lo sobo,
mejor que poncho engomao.

Para mí la cola es pecho
y el espinazo es cadera;
hago mi nido ande quiera
y de lo que encuentro como;
me echo tierra sobre el lomo
y me apeo en cualquier tranquera.

Y dejo rodar la bola,
que algún día se ha'e parar;[55]
tiene el gaucho que aguantar
hasta que lo trague el hoyo,
o hasta que venga algún criollo
en esta tierra a mandar.

Lo miran al pobre gaucho
como carne de cogote:[56]
lo tratan al estricote,[57]
y si ansí las cosas andan,
porque quieren los que mandan
aguantemos los azotes.

¡Pucha, si usté los oyera,
como yo en una ocasión

---

55 En 1878: "que algún día ha de parar".
56 "Carne de cogote" como "carne de paloma": carnes o
   cortes sin valor, de ahí, el significado de despreciable.
57 "Tratar al estricote": tener a mal traer.

tuita la conversación
que con otro tuvo el juez!
Le asiguro que esa vez
se me achicó el corazon.

Hablaban de hacerse ricos
con campos en la fronteras,
de sacarla más ajuera,
donde había campos baldidos
y llevar de los partidos
gente que la defendiera.

Todos se güelven proyetos
de colonias y carriles,
y tirar la plata a miles
en los gringos enganchaos,
mientras al pobre soldao
le pelan la chaucha...,[58] ¡ah, viles!

---

58 "Pelar la chaucha": arruinar.

Pero si siguen las cosas
como van hasta el presente,
puede ser que redepente
véamos el campo disierto,
y blanquiando solamente
los güesos de los que han muerto.

Hace mucho que sufrimos
la suerte reculativa:
trabaja el gaucho y no arriba,
porque a lo mejor del caso,
lo levantan de un sogaso
sin dejarle ni saliva.

De los males que sufrimos
hablan mucho los puebleros,
pero hacen como los teros
para esconder sus niditos:
en un lao pegan los gritos
y en otro tienen los güevos.

Y se hacen los que no aciertan
a dar con la coyontura;
mientras al gaucho lo apura
con rigor la autoridá
ellos a la enfermedá
le están errando la cura.

XIII
Martín Fierro

Ya veo que somos los dos
astillas del mesmo palo:
yo paso por gaucho malo
y usté anda del mesmo modo,
y yo, pa acabarlo todo,
a los indios me refalo.

Pido perdón a mi Dios
que tantos bienes me hizo;
pero dende que es preciso
que viva entre los infieles,
yo seré cruel con los crueles:
ansí mi suerte lo quiso.

Dios formó lindas las flores,
delicadas como son;
le dió toda perfeción

y cuanto él era capaz,
pero al hombre le dió más
cuando le dió el corazón.

Le dió claridá a la luz,
juerza en su carrera al viento,
le dio vida y movimiento
dende la águila al gusano;
pero más le dio al cristiano
al darle el entendimiento.

Y aunque a las aves les dió,
con otras cosas que inoro,
esos piquitos como oro
y un plumaje como tabla,
le dió al hombre más tesoro
al darle una lengua que habla.

Y dende que dió a las fieras
esa juria tan inmensa,

que no hay poder que las vensa
ni nada que las asombre
¿qué menos le daría al hombre
que el valor pa su defensa?

Pero tantos bienes juntos
al darle, malicio yo,
que en sus adentros pensó
que el hombre los precisaba,
que los bienes igualaban[59]
con las penas que le dió.

Y yo empujao por las mías
quiero salir de este infierno:
ya no soy pichón muy tierno
y sé manejar la lanza,
y hasta los indios no alcanza
la facultá del gobierno.

---

59 En la edición de 1878: "Pues los bienes igualaba".

Yo sé que allá los caciques
amparan a los cristianos,
y que los tratan de "hermanos"
cuando se van por su gusto.
¿A qué andar pasando sustos?
Alcemos el poncho y vamos.

En la cruzada hay peligros,
pero ni aun esto me aterra;
yo ruedo sobre la tierra
arrastrao por mi destino
y si erramos el camino...
no es el primero que lo erra.

Si hemos de salvar o no,
de esto naides nos responde.
Derecho ande el sol se esconde
tierra adentro hay que tirar;
algún día hemos de llegar...
después sabremos adónde.

No hemos de perder el rumbo,
los dos somos güena yunta;
el que es gaucho va ande apunta,
aunque inore ande se encuentra;
pa el lao en que el sol se dentra
dueblan los pastos la punta.

De hambre no pereceremos,
pues sigún otros me han dicho,
en los campos se hallan bichos
de los que uno necesita...
gamas, matacos, mulitas
avestruces y quirquinchos.

Cuando se anda en el disierto
se come uno hasta las colas;
lo han cruzao mujeres solas
llegando al fin con salú,
y ha de ser gaucho el ñandú
que se escape de mis bolas.

Tampoco a la sé le temo,
yo la aguanto muy contento;
busco agua olfatiando el viento,
y dende que no soy manco,
ande hay duraznillo blanco
cabo y la saco al momento.

Allá habrá siguridá
ya que aquí no la tenemos,
menos males pasaremos
y ha de haber grande alegría
el día que nos descolguemos
en alguna toldería.

Fabricaremos un toldo,
como lo hacen tantos otros,
con unos cueros de potro,
que sea sala y sea cocina.
¡Tal vez no falte una china
que se apiade de nosotros!

Allá no hay que trabajar,
vive uno como un señor;
de cuando en cuando un malón,
y si de él sale con vida,
lo pasa echao panza arriba
mirando dar güelta el sol.

Y ya que a juerza de golpes
la suerte nos dejó aflús,
puede que allá véamos luz
y se acaben nuestras penas.
Todas las tierras son güenas:
vámosnós, amigo Cruz.

El que maneja las bolas,
el que sabe echar un pial
o sentarse en un bagual[60]
sin miedo de que lo baje,

---

60 En la edición de 1878: "Y sentársele a un bagual".

entre los mesmos salvajes
no puede pasarlo mal.

El amor como la guerra
lo hace el criollo con canciones;
a más de eso, en los malones
podemos aviarnos de algo;
en fin, amigo, yo salgo
de estas pelegrinaciones.

. . . .

En este punto el cantor
buscó un porrón pa consuelo,
echó un trago como un cielo,
dando fin a su argumento,
y de un golpe al istrumento
lo hizo astillas contra el suelo.

«Ruempo –dijo–, la guitarra,
pa no volverla a templar;[61]
ninguno la ha de tocar,
por siguro ténganló;
pues naides ha de cantar
cuando este gaucho cantó.»

Y daré fin a mis coplas
con aire de relación;
nunca falta un preguntón
más curioso que mujer,
y tal vez quiera saber
cómo fué la conclusión.

Cruz y Fierro, de una estancia
una tropilla se arriaron;
por delante se la echaron
como criollos entendidos,

---

61 En la edición de 1878: "Pa no volverme a tentar".

y pronto, sin ser sentidos,
por la frontera cruzaron.

Y cuando la habían pasao,
una madrugada clara
le dijo Cruz que mirara
las últimas poblaciones;
y a Fierro dos lagrimones
le rodaron por la cara.

Y siguiendo el fiel del rumbo
se entraron en el desierto.
No sé si los habrán muerto
en alguna correría,
pero espero que algún día
sabré de ellos algo cierto.

Y ya con estas noticias
mi relación acabé;
por ser ciertas las conté,

todas la desgracias dichas:
es un telar de desdichas
cada gaucho que usté ve.

Pero ponga su esperanza
en el Dios que lo formó;
y aquí me despido yo,
que he relatao a mi modo
MALES QUE CONOCEN TODOS
PERO QUE NAIDES CONTÓ.

∽ Notas ∾

_____

_____

_____

_____

_____

_____

_____

_____

_____

_____

_____

_____

_____

_____

_____

_____

❧ Notas ❧

✑ Notas ✑

Notas